Romy Fischer

Amigurumi Factory
Band 1: Süße Kuscheltierchen häkeln

Romy Fischer

**Amigurumi Factory
Band 1: Süße Kuscheltierchen häkeln**

**Mehr Informationen, YouTube-Kanal, (DaWanda)Shop etc. auf:
www.romyfischer.de
www.facebook.com/romyfischerarts
www.twitter.com/RomyFischerArts**

Bibliographische Information Der Deutschen Bibliothek
Die Deutsche Bibliothek verzeichnet diese Publikation in der Deutschen
Nationalbibliographie; detaillierte bibliographische Daten sind im Internet über
http://dnb.ddb.de abrufbar

Bibliographic information published by Die Deutsche Bibliothek. Die Deutsche Bibliothek
lists this publication in the Deutsche Nationalbibliographie; detailed bibliographic data are
available in the Internet at
http://dnb.ddb.de

Romy Fischer
Amigurumi Factory – Band 1: Süße Kuscheltierchen häkeln
ISBN 9783739215471
Alle Rechte bei der Autorin.
Copyright Hintergrundgrafik Cover © moZz – Fotolia.com
Copyright Fotos der Amigurumis für Cover und Innenteil © Romy Fischer
Copyright Hintergrundgrafiken im Innenteil:
Seite 11, 16, 46, 50 - magann – Fotolia.com (Himmel)
Seite 20, 24, 28, 32, 36, 41, 55, 59 - Stillfx – Fotolia.com
März 2016

Herstellung und Verlag: BoD - Books on Demand, Norderstedt
Dieses Buch wurde im On-Demand-Verfahren hergestellt.

ISBN 978-3-7392-1547-1

Inhalt:

Abkürzungen & Bezugsquellen — Seite 6

Fritz, der Bär — Seite 11

Frederick, der Maulwurf — Seite 16

Trudi, die Elefantine — Seite 20

Amadeus, der Hund — Seite 24

Gisela, die Eule — Seite 28

Achmed, das Kamel — Seite 32

Siggi, das Nashorn — Seite 36

Susi, die Ente — Seite 41

Cordula, die Katze — Seite 46

Balduin, das Flamingo — Seite 50

Irmgard, die Spinne — Seite 55

Horst, der Frosch — Seite 59

Über mich — Seite 63

Abkürzungen & Bezugsquellen

In diesem Anleitungsbuch habe ich ganz bewusst auf Grafiken und Erklärungen für Häkelanfänger verzichtet. Ich selbst bin damals als Anfängerin oft daran verzweifelt, da nicht alles immer so genau verständlich war. Deshalb habe ich einige Videos für Anfänger auf YouTube hochgeladen, die du dir jederzeit und immer wieder kostenlos anschauen kannst. Du findest meine Anleitungsvideos für Anfänger auf einen Blick auf meiner Webseite http://www.romyfischer.de
Auf meinem YouTube-Kanal werde ich mit der Zeit auch mehr und mehr andere Videos zu diesem Thema hochladen, um diverse andere Fragen (auch für Fortgeschrittene) zu beantworten und Hilfestellung zu geben.
Weitere Amigurumi-Anleitungen werde ich auch einzeln zukünftig in meinem (DaWanda)Shop verkaufen, den du auch über meine Webseite erreichen kannst.

Folgende Abkürzungen findest du in diesem Buch mit folgenden Bedeutungen:

M = Masche
R = Reihe
Rd = Runde (die Modelle in diesem Buch werden in Spiralrunden gehäkelt)
LM = Luftmasche
fM = feste Masche
DM = doppelte Masche (2 Maschen in 1 Masche häkeln)
hStb = halbes Stäbchen
St = Stäbchen
DStb = doppeltes Stäbchen
KM = Kettmasche
W-LM = Wendeluftmasche
2M zus.abgem. = 2 Maschen zusammen abgemascht

Grafiken zur Hilfe von einzelnen Arbeitsschritten:

Dies ist eine Popcornmasche (5 Stäbchen in 1 Masche zusammen abgemascht). Wird benötigt, um beim Maulwurf Frederick die Daumen zu häkeln.

Haare an eine Figur anbringen

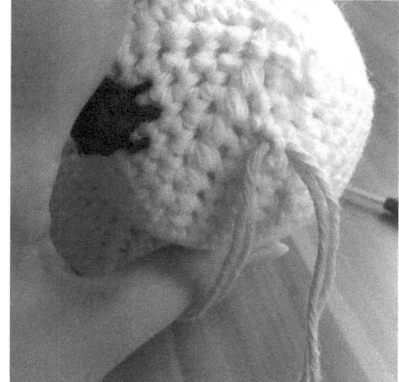

Mit der Häkelnadel 1-2 Fäden durch 1M ziehen, wie hier in beiden Abb. gezeigt.

Dann die Fäden mit 2 Knoten gut befestigen, damit sie sich nicht mehr lösen. Haarlänge dann ggf. anpassen.

Fertig!

Zwei Teile miteinander verbinden
(wird beim Flamingo benötigt)

Nimm die beiden Teile, die du miteinander verbinden möchtest.

Du häkelst in das erste Teil 1fM nur zur Hälfte (also nicht abmaschen).

Dann nimmst du den anderen Teil und häkelst auch dort 1fM zur Hälfte.

Im letzten Schritt maschst du beide fM, die du auf der Nadel hast, zusammen ab. Fertig!

Die Sicherheitsaugen, die ich für meine Modelle verwendet habe, findest du im Online-Shop auf http://www.bastelmaus-shop.de
Manchmal sind einige Verschlusskappen zu eng geformt, so dass ich ein Bastelskalpell verwendet habe, um die Öffnung durch Kratzen und Schaben zu vergrößern. Solltest du auch diesen Weg gehen, kratze zunächst immer nur ein wenig und teste es dann wieder aus. Sonst kann es passieren, dass du die Öffnung zu groß gemacht hast und der Stecker des Auges nicht mehr passt.
Die Modelle, die ich für dieses Buch angefertigt habe, habe ich mit einer Häkelnadel von PRYM mit dem Softgriff gehäkelt. Wer längere Zeit häkelt, wird feststellen, welchen Vorteil so ein Softgriff hat. Alle anderen Häkelnadeln haben mir nämlich sonst recht schnell Schmerzen in der Hand verursacht. Der Softgriff liegt gut in der Hand, und ich kann viel länger damit arbeiten, ohne Beschwerden zu bekommen.

Normalerweise verwende ich bei meinen Modellen immer sehr gerne 100% Baumwolle. Doch ausnahmsweise habe ich mich in eine Garnsorte aus dem Discounter verliebt, die zu 50% aus Polyacryl und 50% aus Polyamid besteht. Wichtig ist, dass du ein Garn für die Häkelnadel 3,0mm verwendest, wenn du die gleiche Größe bekommen möchtest, wie hier im Buch angegeben. Und noch ein kleiner Hinweis an dieser Stelle. Ich habe einige Jahre lang einen Online-

Shop gehabt, in dem ich jede Menge vegane Wolle (Baumwolle oder Kunstfaser) verkauft habe. Warum ausschließlich vegan? Ich habe mich mit der Herstellung von Wolle ausgiebig beschäftigt, denn ich wollte wissen, was genau ich da verkaufte und nicht die Augen davor verschließen. Und mir hat sich bei den Erkenntnissen der Magen umgedreht. Prinzipiell sollte jeder selbst seine Entscheidung treffen, was für eine Wolle er/sie verwendet. Ich verurteile niemanden, der/die tierische Fasern verarbeitet, doch ich wollte diesen Hinweis machen, um diejenigen unter euch, die Interesse haben zu erfahren, was hinter der Herstellung von tierischer Wolle steckt, Informationen in die Hand zu geben. Auf der Webseite der Tierschutzorganisation PeTA zum Beispiel findest du jede Menge Informationen zum Thema Herstellung von Wolle, Schafswolle, Kaschmirziegen, Alpaka usw. Einfach auf http://wolle.peta.de/ klicken.

Fritz, der Bär (Größe ca. 22cm)

Material: Garn in fuchsia und grau (50g), Rest in schwarz, Häkelnadel 3,0mm, Sicherheitsaugen ø 12mm eisblau metallic, Wollnadel, Füllwatte, Schere

Kopf (fuchsia)

Rd 1: 12M in einen Fadenring häkeln (12M)
Rd 2: 4x (2fM, 1DM) (16M)
Rd 3: 4X (3fM, 1DM) (20M)
Rd 4: 4X (4fM, 1DM) (24M)
Rd 5: 4x (5fM, 1DM) (28M)
Rd 6: 4x (6fM, 1DM) (32M)
Rd 7: 4x (7fM, 1DM) (36M)
Rd 8: 4x (8fM, 1DM) (40M)
Rd 9-13: 40fM (40M)
Rd 14: 18fM, 2M zus.abgem., 18fM, 2M zus.abgem. (38M)
Rd 15: 17fM, 2M zus.abgem., 17fM, 2M zus.abgem. (36M)
Rd 16: 4x (2M zus.abgem., 7fM) (32M)
Rd 17: 4x (2M zus.abgem., 6fM) (28M)
Rd 18: 4x (2M zus.abgem., 5fM) (24M)
Rd 19: 4x (2M zus.abgem., 4fM) (20M)
1KM, abmaschen

Schnauze (grau)

Rd 1: 6fM in einen Fadenring häkeln
Rd 2: alle M verdoppeln (12M)
Rd 3: 6x (1fM, 1DM) (18M)
Rd 4: 6x (2fM, 1DM) (24M)
Rd 5-7: 24fM (24M)
1KM, abmaschen, längeren Faden zum späteren Annähen lassen

Jetzt werden mit einem schwarzen Faden die Nase und der Mund gestickt.

Im Anschluss die Schnauze mit Watte füllen und an den Kopf annähen, sowie die Sicherheitsaugen feststecken. Den Kopf soweit mit Watte füllen, bis die gewünschte Festigkeit erreicht ist.

Ohren (fuchsia)

Rd 1: 6fM in einen Fadenring häkeln
Rd 2: alle M verdoppeln (12M)
Rd 3: 6x (1fM, 1DM) (18M)
Rd 4: 6x (2fM, 1DM) (24M)
Rd 5-7: 24fM (24M)
1KM, abmaschen, längeren Faden zum späteren Annähen lassen

Die Ohren flach zusammenlegen (zu einem Halbkreis) und am Kopf mit leichter Beugung annähen, damit die Ohren eine kleine Mulde bekommen.

Körper (fuchsia)

Rd 1: 10fM in einen Fadenring häkeln (10M)
Rd 2: alle M verdoppeln (20M)
Rd 3: 5x (3fM, 1DM) (25M)
Rd 4: 5x (4fM, 1DM) (30M)
Rd 5: 5x (5fM, 1DM) (35M)
Rd 6: 5x (6fM, 1DM) (40M)
Rd 7: 5x (7fM, 1DM) (45M)
Rd 8: 5x (8fM, 1DM) (50M)
Rd 9-18: 50fM (50M)
Rd 19: 5x (2M zus.abgem., 8fM) (45M)
Rd 20: 45fM (45M)
Rd 21: 5x (2M zus.abgem., 7fM) (40M)
Rd 22: 40fM (40M)
Rd 23: 5x (2M zus.abgem., 6fM) (35M)
Rd 24: 35fM (35M)
Rd 25: 5x (2M zus.abgem., 5fM) (30M)
Rd 26: 5x (2M zus.abgem., 4fM) (25M)
Rd 27: 5x (2M zus.abgem., 3fM) (20M)
1KM, abmaschen, langen Faden lassen, um später damit den Kopf anzunähen.

Den Bauch soweit mit Watte füllen, bis die gewünschte Festigkeit erreicht ist. Danach den Kopf an den Bauch nähen. Hierbei zunächst im Wechsel jeweils durch die erste Runde von Kopf und Bauch mit der Nadel einstechen und den Faden fest anziehen. Im Anschluss eine zweite Runde nähen, wobei der Faden jeweils durch die zweite Runde von Kopf und Bauch gezogen wird, damit der Kopf richtig festsitzt und nicht nach vorne, nach hinten oder zur Seite wegkippen kann.

Bauchfleck (grau)

Rd 1: 6fM in einen Fadenring häkeln (6M)
Rd 2: alle M verdoppeln (12M)
Rd 3: 6x (1fM, 1DM) (18M)
Rd 4: 6x (2fM, 1DM) (24M)
Rd 5: 6x (3fM, 1DM) (30M)
Rd 6: 6x (4fM, 1DM) (36M)
Rd 7: 6x (5fM, 1DM) (42M)
1KM, abmaschen und einen längeren Faden lassen, um den Bauchfleck an den Bauch annähen zu können.

Arme (2x; fuchsia)

Rd 1: 6fM in einen Fadenring häkeln
Rd 2: alle M verdoppeln (12M)
Rd 3: 6x (1fM, 1DM) (18M)
Rd 4-8: 18fM (18M)
Rd 9: 2M zus.abgem., 7fM, 2M zus.abgem., 7fM (16M)
Rd 10: 16fM
Rd 11: 2M zus.abgem., 6fM, 2M zus.abgem., 6fM (14M)
Rd 12: 14fM (14M)
Rd 13: 2M zus.abgem., 5fM, 2M zus.abgem., 5fM (12M)
Rd 14-20: 12fM (12M)
Jetzt mit Watte füllen, flach zusammendrücken und mit 5fM zusammenhäkeln, sowie einen längeren Faden zum späteren Annähen lassen.

Pfoteninnenseite (2x; grau)

Rd 1: 6fM in einen Fadenring häkeln (6M)
Rd 2: alle M verdoppeln (12M)
1KM, abmaschen und unten an die Innenseite der Arme nähen.

Beine (2x)

6LM in grau häkeln

Rd 1: 4fM, 3fM in die letzte M der Reihe, dann die Arbeit drehen und auf der anderen Seite ebenso 3fM und 1DM häkeln (12M)
Rd 2: 1DM, 3fM, 3DM, 3fM, 2DM (18M)
Rd 3: 2DM, 4fM, 4DM, 5fM, 2DM (26M)
Farbwechsel in fuchsia
Rd 4-6: 26fM (26M)
Rd 7: 2x (2M zus.abgem.), 18fM, 2x (2M zus.abgem.) (22M)
Rd 8: 3x (2M zus.abgem.), 12fM, 2x (2M zus.abgem.) (17M)
Rd 9: 2x (2M zus.abgem.), 11fM, 2M zus.abgem. (14M)
Rd 10: 2x (2M zus.abgem.), 10fM (12M)
Rd 11-20: 12fM (12M)
Noch 1fM häkeln, um an der Seite anzukommen, dann mit Watte füllen, flach zusammenlegen und mit 6fM zusammenhäkeln. Abmaschen und einen längeren Faden zum späteren Annähen lassen.

Frederick, der Maulwurf (Größe ca. 16cm)

Material: Garn in schwarz (50g), Reste in rosa und grau, Häkelnadel 3,0mm, Sicherheitsaugen ø 12mm weiß, Wollnadel, Füllwatte, Schere

Schnauze

Rd 1: 6fM in rosa in einen Fadenring häkeln (6M)
Rd 2: 6fM (6M)
Farbwechsel in grau
Rd 3: alle M verdoppeln (12M)
Rd 4: 12fM (12M)
Rd 5: 6x (1fM, 1DM) (18M)
Rd 6-9: 18fM (18M)
1KM, abmaschen und einen längeren Faden zum späteren Annähen lassen.

Kopf & Körper (schwarz)

Der Beginn ist am Kopfende d. h. es wird von oben (Kopf) nach unten (Körper) gehäkelt.

Rd 1: 6fM in einen Fadenring häkeln (6M)
Rd 2: in jede Masche 1DM häkeln (12M)
Rd 3: 6x (1fM, 1DM) (18M)
Rd 4: 6x (2fM, 1DM) (24M)
Rd 5: 6x (3fM, 1DM) (30M)
Rd 6: 6x (4fM, DM) (36M)
Rd 7: 6x (5fM, 1DM) (42M)
Rd 8: 6x (6fM, 1DM) (48M)
Rd 9-23: 48fM (48M)

Schnauze jetzt mit Watte füllen und auf der Höhe von Runde 22 annähen, sowie die Augen feststecken.

Rd 24-42: 48fM (48M)
1KM, abmaschen

Standboden (schwarz)

Rd 1: 6fM in einen Fadenring häkeln (6M)
Rd 2: in jede Masche 1DM häkeln (12M)
Rd 3: 6x (1fM, 1DM) (18M)
Rd 4: 6x (2fM, 1DM) (24M)
Rd 5: 6x (3fM, 1DM) (30M)
Rd 6: 6x (4fM, 1DM) (36M)
Rd 7: 6x (5fM, 1DM) (42M)
Rd 8: 6x (6fM, 1DM) (48M)
Rd 9: 48fM (48M)
1KM, abmaschen und längeren Faden zum Annähen lassen. Den Körper mit Watte füllen und den Standboden im Anschluss annähen.

Bauchfleck (grau)

7LM häkeln

Rd 1: 5fM, 3fM in die letzte Masche der Reihe, dann die Arbeit drehen und auf der unteren Seite 4fM, 1DM (14M)
Rd 2: 4fM, 3DM, 4fM, 3DM (20M)
Rd 3: 5fM, 4DM, 6fM, 4DM (27M)
Rd 4: 7fM, 5DM, 9fM, 5DM (36M)
Rd 5: 3fM, 2x (1DM, 1fM), 1DM, 4fM, 4DM, 4fM, 2x (1DM, 1fM), 1DM, 6fM, 4DM (49M)
1KM, abmaschen, und einen längeren Faden zum späteren Annähen lassen.

Arme (2x)

Rd 1: 6fM in rosa in einen Fadenring häkeln (6M)
Rd 2: alle M verdoppeln (12M)
Rd 3: 6x(1fM, 1DM) (18M)
Rd 4 + 5: 18fM (18M)
Rd 6: 1 Popcornmasche (5Stb in eine Masche; siehe Grafik S.7), 17fM (18M)
Rd 7: 6x (2M zus.abgem., 1fM) (12M)
Rd 8: 12fM
Farbwechsel in schwarz
Rd 9-19: 12fM (12M)
1KM, abmaschen und einen längeren Faden zum späteren Annähen lassen.

Beine (2x; rosa)

Rd 1: 6fM in einen Fadenring häkeln (6M)
Rd 2: alle M verdoppeln (12M)
Rd 3: 6x(1fM, 1DM) (18M)
Rd 4-8: 18fM (18M)
Rd 9: 6x (2M zus.abgem., 1fM) (12M)
Rd 10-14: 12fM (12M)
1KM, abmaschen und einen längeren Faden zum späteren Annähen lassen.
Bein jetzt mit Watte füllen, allerdings nur den größeren, breiteren Teil. Den schmaleren Teil verwendest du als Nahtfläche unter dem Körper.

Trudi, die Elefantine (Größe ca. 13cm)

Material: Garn in grau (50g), Rest in schwarz, Sicherheitsaugen ø 12mm türkis, Chenilledraht ca. 15cm, Häkelnadel 3,0mm, Wollnadel, Füllwatte, Schere

Kopf (grau)

Rd 1: 6fM in einen Fadenring häkeln (6M)
Rd 2: in jede Masche 1DM häkeln (12M)
Rd 3: 6x (1fM, 1DM) (18M)
Rd 4: 6x (2fM, 1DM) (24M)
Rd 5: 6x (3fM, 1DM) (30M)
Rd 6: 6x (4fM, 1DM) (36M)
Rd 7: 6x (5fM, 1DM) (42M)
Rd 8: 6x (6fM, 1DM) (48M)
Rd 9-13: 48fM (48M)
Rd 14: 6x (2M zus.abgem., 6fM) (42M)
Rd 15: 6x (2M zus.abgem., 5fM) (36M)
Rd 16: 6x (2M zus.abgem., 4fM) (30M)
Rd 17: 6x (2M zus.abgem., 3fM) (24M)
Rd 18: 6x (2M zus.abgem., 2fM) (18M)
1KM, abmaschen und einen längeren Faden zum späteren Annähen lassen.

Rüssel (grau)

Rd 1: 10fM in einen Fadenring häkeln (10M)
Rd 2-19: 10fM (10M)
Rd 20: 2KM, 3fM, 2DM, 3fM (12M)
Rd 21: 3KM, 3fM, 2DM, 3fM, 1KM (14M)
Rd 22: 3KM, 4fM, 2DM, 4fM, 1KM (16M)
Rd 23: 16fM (16M)
Rd 24: 4fM, 4x (2M zus.abgem.), 4fM (12M)
Rd 25 + 26: 12fM
1KM, abmaschen und einen längeren Faden zum Annähen lassen

Jetzt den Chenilledraht mit ein wenig Watte umwickelt in den Rüssel einführen und am Kopf annähen. Auch die Augen jetzt feststecken und den Kopf ebenfalls mit Watte füllen.

Ohren (2x; grau)

Rd 1: 6fM in einen Fadenring häkeln (6M)
Rd 2: in jede Masche 1DM häkeln (12M)
Rd 3: 6x (1fM, 1DM) (18M)
Rd 4: 6x (2fM, 1DM) (24M)
Rd 5: 6x (3fM, 1DM) (30M)
Rd 6: 6x (4fM, 1DM) (36M)
Rd 7: 6x (5fM, 1DM) (42M)
Rd 8-10: 42fM (42M)
Rd 11: 6x (2M zus.abgem., 5fM) (36M)
Rd 12: 6x (2M zus.abgem., 4fM) (30M)
Rd 13: 6x (2M zus.abgem., 3fM) (24M)

1KM, abmaschen und einen längeren Faden zum Annähen lassen. Die Ohren in der Mitte flach zusammenfalten und am Kopf festnähen mit einer leichten Mulde in der Mitte des Ohres (leicht gebogen annähen).

Körper (grau)

Rd 1: 6fM in einen Fadenring häkeln (6M)
Rd 2: in jede Masche 1DM häkeln (12M)
Rd 3: 6x (1fM, 1DM) (18M)
Rd 4: 6x (2fM, 1DM) (24M)
Rd 5: 6x (3fM, 1DM) (30M)
Rd 6: 6x (4fM, 1DM) (36M)
Rd 7: 6x (5fM, 1DM) (42M)
Rd 8: 6x (6fM, 1DM) (48M)
Rd 9-21: 48fM (48M)
Rd 22: 6x (2M zus.abgem., 6fM) (42M)
Rd 23: 6x (2M zus.abgem., 5fM) (36M)
Rd 24: 6x (2M zus.abgem., 4fM) (30M)
Rd 25: 6x (2M zus.abgem., 3fM) (24M)
Rd 26: 6x (2M zus.abgem., 2fM) (18M)

Den Körper jetzt mit Watte füllen.
Rd 27: 6x (2M zus.abgem., 1fM) (12M)
Rd 28: 6x 2M zus.abgem. (6M)
Die kleine Öffnung, die übrig bleibt, zunähen.

Schwanz (grau)

Rd 1: 5fM in einen Fadenring häkeln (5M)
Rd 2-14: 5fM (5M)
1KM, abmaschen und an den hinteren Teil des Körpers annähen.
4 schwarze Fäden à 10cm mit der Häkelnadel durch die Schwanzspitze ziehen und festknoten (siehe Grafiken S.7/8).

Pfoten (4x; grau)

Rd 1: 6fM in einen Fadenring häkeln (6M)
Rd 2: alle M verdoppeln (12M)
Rd 3: 6x (1fM, 1DM) (18M)
Rd 4 + 5: 18fM (18M)
Rd 6: 6x (2M zus.abgem., 1fM) (12M)
Rd 7-16: 12fM (12M)
1KM, abmaschen und einen längeren Faden zum Annähen lassen.

Zuerst werden die beiden Vorderpfoten angenäht. Mit den Hinterpfoten kann das evtl. vorhandene Übergewicht, das durch den Rüssel und den Kopf nach vorne ragt, ausbalanciert werden. Zuerst beide Hinterpfoten annähen, den Faden an beiden Pfoten noch dran lassen und austesten, ob „Trudi" stehen kann ohne umzufallen oder nicht. Falls sie vorn überkippt, einfach mit der Nadel in die 3. Runde der Hinterpfoten stechen, Bein nach hinten ziehen, in das Hinterteil des Körpers einstechen und festziehen (die Pfoten etwas nach hinten ziehen und am Körper festnähen). Diesen Schritt 2x pro Pfote wiederholen. Nochmal austesten, ob „Trudi" nun frei stehen kann, sonst diesen Schritt noch einmal wiederholen und die Hinterpfoten noch etwas nach hinten ziehen.

Amadeus, der Hund (Größe ca. 12cm)

Material: Garn in braun (50g), Rest in schwarz, Sicherheitsaugen ø 10mm weiß, Häkelnadel 3,0mm, Wollnadel, Füllwatte, Schere

Kopf (braun)

Rd 1: 6fM in einen Fadenring häkeln (6M)
Rd 2: alle M verdoppeln (12M)
Rd 3: 4x (2fM, 1DM) (16M)
Rd 4 + 5: 16fM (16M)
Rd 6: 4fM, 8KM, 4fM (16M)
Rd 7: 5fM, 8DM, 3fM (24M)
Rd 8: 8fM, 2DM, 7fM, 2DM, 5fM (28M)
Rd 9 + 10: 28fM
Rd 11: 11fM, 1DM, 9fM, 1DM, 6fM (30M)
Rd 12-14: 30fM (30M)
Rd 15: 6x (3fM, 2M zus.abgem.) (24M)
Rd 16: 24fM (24M)

Jetzt werden die Nase und der Mund gestickt, sowie die Augen festgesteckt. Den Kopf zu 2/3 mit Watte ausstopfen.

Rd 17: 6x (2fM, 2M zus.abgem.) (18M)

Nochmal mit Watte nachstopfen

Rd 18: ab hier im Wechsel (2fM, 2M zus.abgem.) häkeln, bis nur noch 8M übrig bleiben. Währenddessen immer wieder mit Watte nachstopfen, bis der Kopf die gewünschte Festigkeit hat.
1KM, abmaschen und die kleine Öffnung zunähen.

Ohren (schwarz)

Rd 1: 6fM in einen Fadenring häkeln (6M)
Rd 2: alle M verdoppeln (12M)
Rd 3 4x (2fM, 1DM) (16M)
Rd 4-8: 16fM (16M)
Rd 9: 4x (2M zus.abgem., 2fM) (12M)
Rd 10 + 11: 12fM
Rd 12: 6x 2M zus.abgem. (6M)
Rd 13: 6fM (6M)
1KM, abmaschen und einen längeren Faden zum Annähen lassen. Die obere Spitze des Ohres wird zugenäht – die Ohren nicht mit Watte füllen.

Körper (braun)

Rd 1: 6fM in einen Fadenring häkeln (6M)
Rd 2: in jede Masche 1DM häkeln (12M)
Rd 3: 6x (1fM, 1DM) (18M)
Rd 4: 6x (2fM, 1DM) (24M)
Rd 5: 6x (3fM, 1DM) (30M)
Rd 6-17: 30fM (30M)
Rd 18: 6x (2M zus.abgem., 3fM) (24M)
Rd 19: 6x (2M zus.abgem., 2fM) (18M)
Den Körper jetzt mit Watte füllen.
Rd 20: 6x (2M zus.abgem., 1fM) (12M)
Jetzt nochmal mit Watte nachstopfen.
Rd 21: 6x 2M zus.abgem. (6M)
Die kleine Öffnung zunähen.

Schwanz

Rd 1: 6fM in schwarz in einen Fadenring häkeln (6M)
Rd 2-6: 6fM (6M)
Farbwechsel in braun
Rd 7-12: 6fM (6M)
1KM, abmaschen und den Schwanz an den Körper annähen.

Pfoten (4x; braun)

Rd 1: 6fM in einen Fadenring häkeln (6M)
Rd 2: alle M verdoppeln (12M)
Rd 3 + 4: 12fM (12M)
Rd 5: 3x (2M zus.abgem., 2fM) (9M)
Rd 6-12: 9fM (9M)
1KM, abmaschen und einen längeren Faden zum Annähen lassen. Die Pfoten mit Watte füllen und an den Körper annähen.
Eine Pfote wird in Runde 1-6 in schwarz begonnen und ab Runde 7 in braun weitergehäkelt. Sollte es zu Problemen kommen, dass „Amadeus" lieber umkippt, anstatt frei stehen zu bleiben, so wende die Technik an, die ich bei „Trudi, die Elefantine" bereits beschrieben habe.

Gisela, die Eule (Größe ca. 11cm)

Material: Garn in türkis und rosa (50g), sowie ein Rest in grau, Sicherheitsaugen ø 12mm in gelb, Häkelnadel 3,0mm, Wollnadel, Füllwatte, Schere

Kopf & Körper (türkis)

Rd 1: 6fM in einen Fadenring häkeln (6M)
Rd 2: in jede Masche 1DM häkeln (12M)
Rd 3: 6x (1fM, 1DM) (18M)
Rd 4: 6x (2fM, 1DM) (24M)
Rd 5: 6x (3fM, 1DM) (30M)
Rd 6: 6x (4fM, 1DM) (36M)
Rd 7: 6x (5fM, 1DM) (42M)
Rd 8: 6x (6fM, 1DM) (48M)
Rd 9-30: 48fM (48M)
1KM, abmaschen

Standboden (türkis)

Rd 1: 6fM in einen Fadenring häkeln (6M)
Rd 2: in jede Masche 1DM häkeln (12M)
Rd 3: 6x (1fM, 1DM) (18M)
Rd 4: 6x (2fM, 1DM) (24M)
Rd 5: 6x (3fM, 1DM) (30M)
Rd 6: 6x (4fM, 1DM) (36M)
Rd 7: 6x (5fM, 1DM) (42M)
Rd 8: 6x (6fM, 1DM) (48M)
Rd 9: 48fM (48M)
1KM, abmaschen und einen längeren Faden zum Annähen lassen. Den Körper mit Watte füllen, bis er die gewünschte Festigkeit hat, und anschließend den Standboden annähen.

Ohren (2x; türkis)

Rd 1: 6fM in einen Fadenring häkeln (6M)
Rd 2: 6fM (6M)
Rd 3: alle M verdoppeln (12M)
Rd 4: 12fM (12M)
Rd 5: 6x (1fM, 1DM) (18M)
Rd 6: 18fM (18M)
1KM, abmaschen und längeren Faden zum Annähen lassen.

Augenflecken (grau)

Hinweis: Den Fadenring nicht allzu fest zuziehen, sonst wird es später zu schwierig, das Sicherheitsauge hindurchzustecken.

Rd 1: 6fM in einen Fadenring häkeln (6M)
Rd 2: in jede Masche 1DM häkeln (12M)
Rd 3: 6x (1fM, 1DM) (18M)
1KM, abmaschen und längeren Faden zum Annähen lassen.
Die Sicherheitsaugen durch die Mitte des jeweiligen Augenflecks stechen und feststecken. Anschließend am Kopf festnähen.

Schnabel (rosa)

Rd 1: 6fM in einen Fadenring häkeln (6M)
Rd 2: 6fM (6M)
Rd 3: 3x (1fM,1DM) (9M)
Rd 4 + 5: 9fM (9M)
1KM, abmaschen und an den Kopf annähen.

Flügel (2x; rosa)

Rd 1: 6fM in einen Fadenring häkeln (6M)
Rd 2: in jede Masche 1DM häkeln (1 M)
Rd 3: 6x (1fM, 1DM) (18M)
Rd 4: 6x (2fM, 1DM) (24M)
Rd 5: 6x (3fM, 1DM) (30M)
Rd 6-9: 30fM (30M)
Rd 10: 6x (2M zus.abgem., 3fM) (24M)
Rd 11: 24fM (24M)
Rd 12: 6x (2M zus.abgem., 2fM) (18M)
Rd 13: 18fM (18M)
Rd 14: 6x (2M zus.abgem., 1fM) (12M)
Rd 15: 12fM (12M)
Rd 16: 6x 2M zus.abgem. (6M)
Rd 17: 6fM (6M)
Die Flügelspitze zunähen, ohne ihn mit Watte zu füllen, und an den Körper annähen.

Pfoten (2x; rosa)

Rd 1: 6fM in einen Fadenring häkeln (6M)
Rd 2: 6fM (6M)
Rd 3: 3x (1fM, 1DM) (9M)
Rd 4-10: 9fM (9M)
1KM, abmaschen, und die Pfoten von unten an den Standboden annähen.

Achmed, das Kamel (Größe: Höhe ca. 18cm, Länge ca. 22cm)

Material: Garn in braun (100g), Rest in schwarz, Sicherheitsaugen ø 10mm, Chenilledraht 50cm Länge, Häkelnadel 3,0mm, Wollnadel, Füllwatte, Schere

Körper (braun)

Rd 1: 6fM in einen Fadenring häkeln (6M)
Rd 2: in jede Masche 1DM häkeln (12M)
Rd 3: 6x (1fM, 1DM) (18M)
Rd 4: 6x (2fM, 1DM) (24M)
Rd 5: 6x (3fM, 1DM) (30M)
Rd 6: 6x (4fM, 1DM) (36M)
Rd 7: 6x (5fM, 1DM) (42M)
Rd 8-25: 42fM (42M)
Rd 26: 6x (2M zus.abgem., 5fM) (36M)
Rd 27: 6x (2M zus.abgem., 4fM) (30M)
Rd 28: 6x (2M zus.abgem., 3fM) (24M)
Rd 29: 6x (2M zus.abgem., 2fM) (18M)
Rd 30: 6x (2M zus.abgem., 1fM) (12M)
Rd 31: 6x 2M zus.abgem. (6M)
Abmaschen und die Öffnung zunähen.

Höcker (2x; braun)

Rd 1: 6fM in einen Fadenring häkeln (6M)
Rd 2: alle M verdoppeln (12M)
Rd 3: 12fM (12M)
Rd 4: 3x (3fM, 1DM) (15M)
Rd 5: 15fM (15M)
Rd 6: 3x (4fM, 1DM) (18M)
Rd 7: 18fM (18M)
Rd 8: 3x (5fM, 1DM) (21M)
Rd 9: 21fM (21M)
Rd 10: 3x (6fM, 1DM) (24M)
Rd 11-13: 24fM (24M)

1KM, abmaschen und einen längeren Faden zum Annähen lassen.

Kopf & Hals (braun)

Rd 1: 6fM in einen Fadenring häkeln (6M)
Rd 2: in jede Masche 1DM häkeln (12M)
Rd 3: 6x (1fM, 1DM) (18M)
Rd 4: 6x (2fM, 1DM) (24M)
Rd 5-47: 24fM (24M)
1KM, abmaschen und längeren Faden zum Annähen lassen.

Nach Runde 15 werden die Nasenlöcher und der Mund gestickt (in schwarz). Die Nasenlöcher zwischen der 7. und 8. Runde sticken, zwischen beiden Nasenlöchern 5 Maschen Abstand lassen (also in die 6. Masche neben dem 1. Nasenloch einstechen). 1 Runde darunter mittig für den Mund ansetzen.

Die Augen zwischen Runde 15 und 16 feststecken.

Nach Runde 21 den Kopf mit Watte ausstopfen bis zum Rand, vorerst beim Weiterhäkeln nicht nachstopfen.

Sobald abgemascht wurde, den Kopf zu einem spitzen Winkel abknicken und mit ein paar Stichen festnähen. Die Kanten bzw. Knickfalten, die links und rechts am Kopf dadurch entstehen, werden später dazu verwendet, um die Ohren daran festzunähen – danach sieht man diese Knickfalten nicht mehr.

Den Chenilledraht von 50cm Länge in der Mitte falten, dann erneut in der Mitte falten und miteinander verzwirbeln. Mit Watte umwickelt in den Hals einführen und am Kopf festnähen. Durch den Chenilledraht ist der Hals biegsam.

Ohren (2x; braun)

Rd 1: 6fM in einen Fadenring häkeln (6M)
Rd 2: alle M verdoppeln (12M)
Rd 3: 6x (1fM, 1DM) (18M)
Rd 4 + 5: 18fM (18M)
Rd 6: 6x (2M zus.abgem., 1fM) (12M)
Rd 7: 3x (2M zus.abgem., 2fM) (9M)
1KM, abmaschen, in der Mitte zusammenfalten und beide Enden/Ecken übereinanderlegen und mit 1-2 Stichen zusammennähen. Anschließend am Kopf festnähen.

12 schwarze Fäden à ca. 10cm mit der Häkelnadel oben am Kopf für die Haare einzeln durchziehen und in der Mitte verknoten. Wenn alle 12 Fäden verknotet sind (= 24 Haarstränge), entsprechend kürzen (siehe Grafiken S.7/8).

Schwanz (braun)

5fM in einen Fadenring häkeln.
5fM über ca. 8cm häkeln.
1KM, abmaschen und einen Nähfaden lassen.
Am Ende auf gleiche Weise schwarze Fransen anbringen, wie auf dem Kopf die Haare.

Beine (4x; braun)

Rd 1: 6fM in einen Fadenring häkeln (6M)
Rd 2: in jede Masche 1DM häkeln (12M)
Rd 3: 6x (1fM, 1DM) (18M)
Rd 4: 6x (2fM, 1DM) (24M)
Rd 5-7: 24fM (24M)
Rd 8: 6x (2M zus.abgem., 2fM) (18M)
Rd 9-23: 18fM (18M)
Bein jetzt mit Watte füllen.
Rd 24: 6x (2M zus.abgem., 1fM) (12M)
Bein zusammenlegen und mit 6fM zusammenhäkeln (verschließen), zum Schluss an den Körper annähen.

Siggi, das Nashorn (Größe ca. 20cm)

Material: Garn in fuchsia und grau (50g), Rest in schwarz, Sicherheitsaugen ø 12mm in hellblau, Häkelnadel 3,0mm, Wollnadel, Füllwatte, Schere

Kopf (fuchsia)

Rd 1: 6fM in einen Fadenring häkeln (6M)
Rd 2: in jede Masche 1DM häkeln (12M)
Rd 3: 6x (1fM, 1DM) (18M)
Rd 4: 6x (2fM, 1DM) (24M)
Rd 5: 6x (3fM, 1DM) (30M)
Rd 6: 6x (4fM, 1DM) (36M)
Rd 7: 6x (5fM, 1DM) (42M)
Rd 8-13: 42fM (42M)
Rd 14: 6x (2M zus.abgem., 5fM) (36M)
Rd 15: 6x (2M zus.abgem., 4fM) (30M)
Rd 16: 6x (2M zus.abgem., 3fM) (24M)
Rd 17: 6x (2M zus.abgem., 2fM) (18M)
1KM, abmaschen

Schnauze (fuchsia)

Rd 1: 6fM in einen Fadenring häkeln (6M)
Rd 2: in jede Masche 1DM häkeln (12M)
Rd 3: 6x (1fM, 1DM) (18M)
Rd 4: 6x (2fM, 1DM) (24M)
Rd 5-10: 24fM (24M)
1KM, abmaschen und längeren Faden zum Annähen lassen.

Horn (grau)

Rd 1: 6fM in einen Fadenring häkeln (6M)
Rd 2: 6fM (6M)
Rd 3: 3x (1fM, 1DM) (9M)
Rd 4 + 5: 9fM (9M)
1KM, abmaschen und längeren Faden zum Annähen lassen.
Das Horn mit etwas Watte ausstopfen und ein die Schnauze oben mittig annähen. Zusätzlich mit schwarzem Garn die Nasenlöcher und den Mund sticken. Die Augen feststecken und den Kopf mit Watte ausstopfen.

Ohren (2x; fuchsia)

Rd 1: 6fM in einen Fadenring häkeln (6M)
Rd 2: in jede Masche 1DM häkeln (12M)
Rd 3: 6x (1fM, 1DM) (18M)
Rd 4 + 5: 18fM (18M)
Rd 6: 6x (2M zus.abgem., 1fM) (12M)
Rd 7: 3x (2M zus.abgem., 2fM) (9M)
1KM, abmaschen, in der Mitte zusammenfalten und beide Enden/Ecken übereinanderlegen und mit 1-2 Stichen zusammennähen. Anschließend am Kopf festnähen.

Körper (fuchsia)

Rd 1: 6fM in einen Fadenring häkeln (6M)
Rd 2: in jede Masche 1DM häkeln (12M)
Rd 3: 6x (1fM, 1DM) (18M)
Rd 4: 6x (2fM, 1DM) (24M)
Rd 5: 6x (3fM, 1DM) (30M)
Rd 6: 6x (4fM, 1DM) (36M)
Rd 7: 6x (5fM, 1DM) (42M)
Rd 8: 6x (6fM, 1DM) (48M)
Rd 9: 6x (7fM, 1DM) (54M)
Rd 10-15: 54fM (54M)
Rd 16: 6x (2M zus.abgem., 7fM) (48M)
Rd 17: 48fM (48M)

Rd 18: 6x (2M zus.abgem., 6fM) (42M)
Rd 19: 42fM (42M)
Rd 20: 6x (2M zus.abgem., 5fM) (36M)
Rd 21: 36fM (36M)
Rd 22: 6x (2M zus.abgem., 4fM) (30M)
Rd 23: 30fM (30M)
Rd 24: 6x (2M zus.abgem., 3fM) (24M)
Rd 25: 24fM (24M)
Rd 26: 6x (2M zus.abgem., 2fM) (18M)
Rd 27-29: 18fM (18M)
1KM, abmaschen, langen Faden lassen, mindestens 30cm, um den Kopf festzunähen. Vorher den Körper mit Watte füllen.

Bauchfleck (grau)

Rd 1: 6fM in einen Fadenring häkeln (6M)
Rd 2: in jede Masche 1DM häkeln (12M)
Rd 3: 6x (1fM, 1DM) (18M)
Rd 4: 6x (2fM, 1DM) (24M)
Rd 5: 6x (3fM, 1DM) (30M)
Rd 6: 6x (4fM, 1DM) (36M)
1KM, abmaschen und an den Körper annähen.

Arme (2x; fuchsia)

Rd 1: 6fM in einen Fadenring häkeln (6M)
Rd 2: in jede Masche 1DM häkeln (12M)
Rd 3: 6x (1fM, 1DM) (18M)
Rd 4: 6x (2fM, 1DM) (24M)
Rd 5-8: 24fM (24M)
Rd 9: 6x (2M zus.abgem., 2fM) (18M)
In grau 3 Krallen zwischen Runde 4 und 5 sticken
Rd 10-18: 18fM (18M)
Rd 19: 6x (2M zus.abgem., 1fM) (12M)
Jetzt mit Watte füllen.
Rd 20: 6x 2M zus.abgem. (6M)

Weitere 2fM häkeln, um an der Seite anzukommen. Zusammenlegen und mit 3fM zusammenhäkeln (verschließen).Am Ende einen längeren Faden zum Annähen lassen.

Beine (2x fuchsia)

Rd 1: 6fM in einen Fadenring häkeln (6M)
Rd 2: in jede Masche 1DM häkeln (12M)
Rd 3: 6x (1fM, 1DM) (18M)
Rd 4: 6x (2fM, 1DM) (24M)
Rd 5-10: 24fM
Rd 11: 6x (2M zus.abgem., 2fM) (18M)
In grau 3 Krallen zwischen Runde 4 und 5 sticken
Rd 12-20: 18fM (18M)
Rd 21: 6x (2M zus.abgem., 1fM) (12M)
Jetzt mit Watte füllen.
Rd 22: 6x 2M zus.abgem. (6M)
Weitere 3fM häkeln, um an der Seite anzukommen, zusammenlegen und mit 3fM zusammenhäkeln.

Susi, die Ente (Größe ca. 11,5cm)

Material: Garn in türkis und rosa (50g), sowie Reste in fuchsia und grau, Sicherheitsaugen ø 12mm in violett, Häkelnadel 3,0mm, Wollnadel, Füllwatte, Schere

Schnabel (rosa)

6LM

Rd 1: 4fM, 1DM, drehen und auf der unteren Seite weiterhäkeln: 4fM, 1DM (12M)
Rd 2: 2x (5fM, 1DM) (14M)
Rd 3: 2x (6fM, 1DM) (16M)
Rd 4: 2x (7fM, 1DM) (18M)
Rd 5 + 6: 18fM (18M)
1KM, abmaschen und längeren Faden zum späteren Annähen lassen

Kopf & Körper (türkis)

Rd 1: 6fM in einen Fadenring häkeln (6M)
Rd 2: in jede Masche 1DM häkeln (12M)
Rd 3: 6x (1fM, 1DM) (18M)
Rd 4: 6x (2fM, 1DM) (24M)
Rd 5: 6x (3fM, 1DM) (30M)
Rd 6: 6x (4fM, 1DM) (36M)
Rd 7: 6x (5fM, 1 M) (42M)
Rd 8: 6x (6fM, 1 M) (48M)
Rd 9-13: 48fM (48M)
Rd 14: 6x (2M zus.abgem., 6fM) (42M)
Rd 15: 6x (2M zus.abgem., 5fM) (36M)
Rd 16: 6x (2M zus.abgem., 4fM) (30M)
Rd 17: 6x (2M zus.abgem., 3fM) (24M)
Zunächst mit Stecknadeln markieren, wo die Augen festgesteckt werden sollen und durch diese Masche die Wimpern sticken. Im Anschluss die Augen feststecken und den Schnabel festnähen.
Rd 18: 6x (2M zus.abgem., 2fM) (18M)
Jetzt den Kopf mit Watte füllen.

Rd 19: 18fM (18M)
Rd 20: 6x (2fM, 1DM) (24M)
Rd 21: 6x (3 fM, 1DM) (30M)
Rd 22: 6x (4fM, 1DM) (36M)
Rd 23: 6x (5fM, 1DM) (42M)
Rd 24: 6x (6fM, 1DM) (48M)
Rd 25: 6x (7fM, 1DM) (54M)
Rd 26: 6x (8fM, 1DM) (60M)
Rd 27-31: 60fM (60M)
Rd 32: 6x (2M zus.abgem., 8fM) (54M)
Rd 33: 6x (2M zus.abgem., 7fM) (48M)
Rd 34: 6x (2M zus.abgem., 6fM) (42M)
Rd 35: 6x (2M zus.abgem., 5fM) (36M)
Rd 36: 6x (2M zus.abgem., 4fM) (30M)
Rd 37: 6x (2M zus.abgem., 3fM) (24M)
1KM, abmaschen
Den Körper jetzt mit Watte füllen.

Standboden (türkis)

Rd 1: 6fM in einen Fadenring häkeln (6M)
Rd 2: in jede Masche 1DM häkeln (12M)
Rd 3: 6x (1fM, 1DM) (18M)
Rd 4: 6x (2fM, 1DM) (24M)
1KM, abmaschen und längeren Faden zum Annähen lassen.

Schwanzspitze (türkis)

Rd 1: 6fM in einen Fadenring häkeln (6M)
Rd 2: 6fM (6M)
Rd 3: alle M verdoppeln (12M)
Rd 4: 12fM (12M)
Rd 5: 6x (1fM, 1DM) (18M)
Rd 6: 18fM (18M)
Rd 7: 6x (2fM, 1DM) (24M)
Rd 8: 24fM (24M)
Rd 9: 6x (3fM, 1DM) 30M)

Rd 10: 30fM (30M)
1KM, abmaschen und längeren Faden zum Annähen lassen – vorher mit ausreichend Watte füllen.

Flügel (2x; rosa)

Rd 1: 6fM in einen Fadenring häkeln (6M)
Rd 2: alle M verdoppeln (12M)
Rd 3: 6x (1fM, 1DM) (18M)
Rd 4: 6x (2fM, 1DM) (24M)
Rd 5-11: 24fM (24M)
Rd 12: 6x (2M zus.abgem., 2fM) (18M)
Rd 13: 18fM (18M)
Rd 14: 6x (2M zus.abgem., 1fM) (12M)
Rd 15: 12fM (12M)
Rd 16: 6x 2M zus.abgem. (6M)
Rd 17: 6fM (6M)
1KM, abmaschen, längeren Faden zum Annähen lassen.

Die Flügel an den Seiten am Körper anlegen und ggf. feststecken. Sie werden an den hinteren Rundungen am Körper angenäht, und die Flügelspitzen zeigen nach vorne in die Mitte des Körpers.

Blüte (fuchsia)

Rd 1: 10fM in einen Fadenring häkeln (10M)
Rd 2: 5x (4LM, 2DStb in die nächste M häkeln, 4LM, 1fM)
1KM, abmaschen

Stängel (grau)

6fM in einen Fadenring häkeln und über ca. 8cm lang 6fM häkeln. Danach 1KM und abmaschen. Beide Fäden vernähen. Der Stängel braucht nicht mit Watte gefüllt werden. Die Blüte wird seitlich, nicht oben auf die Stängelspitze angenäht.

Der Stängel wird an der einen Flügelspitze angenäht, und die Blüte von der Rückseite mit 1-2 Stichen an den anderen Flügel, damit die Blume im Gesamten festsitzt und mit der Ente verbunden ist.

Cordula, die Katze (Größe ca. 12,5cm)

Material: Garn in braun (50g), Rest in rosa, Chenilledraht ca. 9,5cm, Sicherheitsaugen (Katzenaugen) ø 12mm in eisblau metallic, Häkelnadel 3,0mm, Wollnadel, Füllwatte, Schere

Kopf (braun)

Rd 1: 6fM in einen Fadenring häkeln (6M)
Rd 2: in jede M 1DM häkeln (12M)
Rd 3: 6x (1fM, 1DM) (18M)
Rd 4: 6x (2fM, 1DM) (24M)
Rd 5: 6x (3fM, 1DM) (30M)
Rd 6: 6x (4fM, 1DM) (36M)
Rd 7: 6x (5fM, 1DM) (42M)
Rd 8: 6x (6fM, 1DM) (48M)
Rd 9 – 14: 48fM (48M)
Rd 15: 6x (2M zus.abgem., 6fM) (42M)
Rd 16: 6x (2M zus.abgem., 5fM) (36M)
Rd 17: 6x (2M zus.abgem., 4fM) (30M)
Rd 18: 6x (2M zus.abgem., 3fM) (24M)
Rd 19: 6x (2M zus.abgem., 2fM) (18M)
Rd 20: 18fM (18M)
1Km, dann abmaschen und einen längeren Faden beim Abschneiden dran lassen, da er zum Annähen an den Körper verwendet wird – mindestens 30 cm. Nun werden die Augen festgesteckt und die Nase, sowie Mund und Schnurrhaare gestickt. Der Kopf kann im Anschluss mit Füllwatte ausgestopft werden.

Ohr (2x; braun)

Rd 1: 6fM in einen Fadenring häkeln (6M)
Rd 2: 6fM (6M)
Rd 3: alle M verdoppeln (12M)
Rd 4 + 5: 12fM (12M)
1KM, abmaschen und einen längeren Faden zum Annähen lassen. Die Ohren werden nicht mit Watte ausgestopft.

Schwanz (in beige)

Rd 1: 6fM in einen Fadenring häkeln (6M)
Rd 2: 3x (1fM, 1DM) (9M)
Rd 3-24: 9fM (9M)
1KM, abmaschen, längeren Faden zum Annähen lassen.
Der Chenilledraht kann im Anschluss eingeführt werden, ich habe jedoch die Erfahrung gemacht, dass es besser ist, den Chenilledraht von vorn herein zu umhäkeln, da das spätere Einführen so seine Tücken hat...

Körper (braun)

Rd 1: 6fM in einen Fadenring häkeln (6M)
Rd 2: in jede M 1DM häkeln (12M)
Rd 3: 6x (1fM, 1DM) (18M)
Rd 4: 6x (2fM, 1DM) (24M)
Rd 5: 6x (3fM, 1DM) (30M)
Rd 6: 6x (4fM, 1DM) (36M)
Rd 7 – 12: 36fM (36M)
Rd 13: 4x (2M zus.abgem., 1fM), 24fM (32M)
Rd 14: 4x (2M zus.abgem.), 24fM (28M)
Rd 15: 4fM, 6x (2M zus.abgem., 2fM) (22M)
Rd 16 + 17: 22fM (22M)
Rd 18: 2fM, 4x (2M zus.abgem., 3fM) (18M)
Rd 19: 18fM (18M)
1KM, abmaschen

Vorderpfote (2x; braun)

4LM häkeln (hier wird gleich entlang beider Seiten der LM-Kette gehäkelt)

Rd 1: in die 2. Masche von der Nadel aus einstechen, 2fM, 1DM, auf der Unterseite weiter arbeiten, 2fM, 1DM (8M)
Rd 2: 2x (3fM, 1DM) (10M)
Rd 3 + 4: 10fM (10M)
Rd 5: 3fM, 2x (2M zus.abgem.), 3fM (8M)
Rd 6 – 9: 8fM (8M)
Die Pfote jetzt mit Watte ausstopfen
Rd 10: 2x (2M zus.abgem., 2fM) (6M)
1KM, abmaschen, einen langen Faden zum Annähen lassen

Hinterpfote (2x; braun)

5LM häkeln (hier wird gleich entlang beider Seiten der LM-Kette gehäkelt)

Rd 1: in die 2. Masche von der Nadel aus einstechen, 3fM, 1DM, auf der Unterseite weiter arbeiten, 3fM, 1DM (10M)
Rd 2: 2x (4fM, 1DM) (12M)
Rd 3: 2x (4fM, 2x 1DM) (16M)
Rd 4 + 5: 16fM (16M)
Rd 6: 6fM, 2x (2M zus.abgem.), 6fM (14M)
Rd 7: 5fM, 2x (2M zus.abgem.), 5fM (12M)
Rd 8: 3x (2M zus.abgem., 2fM) (9M)
Die Pfote jetzt mit Watte ausstopfen
Rd 9: 9fM (9M)
1KM, abmaschen, langen Faden zum Annähen dran lassen

Balduin, das Flamingo (Größe ca. 28cm)

Material: Garn in rosa (ca. 100g), Rest in grau und schwarz, Sicherheitsaugen ø 8mm, Chenilledraht ca. 35cm, Häkelnadel 3,0mm, Wollnadel, Füllwatte, Schere

Körper (rosa)

Rd 1: 6fM in einen Fadenring häkeln (6M)
Rd 2: in jede M 1DM häkeln (12M)
Rd 3: 6x (1fM, 1DM) (18M)
Rd 4: 6x (2fM, 1DM) (24M)
Rd 5: 6x (3fM, 1DM) (30M)
Rd 6: 6x (4fM, 1DM) (36M)
Rd 7: 6x (5fM, 1DM) (42M)
Rd 8: 6x (6fM, 1DM) (48M)
Rd 9-20: 48fM (48M)
Rd 21: 12KM, 36fM (48M)
Rd 22: 22fM, 8x 2M zus.abgem., 10fM (40M)
Rd 23: 19fM, 4x 2M zus.abgem., 13fM (36M)
Rd 24: 6x (2M zus.abgem., 4fM) (30M)
Rd 25: 30fM (30M)
Rd 26: 6x (2M zus.abgem., 3fM) (24M)
Rd 27: 24fM (24M)
Rd 28: 6x (2M zus.abgem., 2fM) (18M)
Rd 29: 18fM (18M)
Den Körper nun mit Watte ausstopfen.
Rd 30: 6x (2M zus.abgem., 1fM) (12M)
Rd 31: 12fM (12M)
An dieser Stelle überprüfen, ob noch einmal mit Watte nachgestopft werden muss.
Rd 32: 6x 2M zus.abgem. (6M)
Rd 33: 6fM (6M)
Die kleine Öffnung zunähen.

Kopf & Hals (rosa)

Rd 1: 6fM in einen Fadenring häkeln (6M)
Rd 2: alle M verdoppeln (12M)
Rd 3: 3x (3fM, 1DM) (15M)
Rd 4-11: 15fM (15M)
Jetzt die Augen anbringen (zwischen der 5. Und der 6. Runde). Die untere Seite ist der Scheitelpunkt des Kopfes.
Rd 12-34: 15fM (15M)
1KM, abmaschen, längeren Faden zum Annähen an den Körper lassen.
Den Chenilledraht 2x knicken, so dass 3 gleich lange Streben entstehen, und diese miteinander verzwirbeln. Der Chenilledraht wird mit ausreichend Watte umwickelt und dann in den Hals bis einschließlich oben zum Kopf hin eingeführt.
Der Hals wird zunächst an der unteren Öffnung am Körper festgenäht. Im Anschluss den Hals leicht nach hinten biegen und mit 3-4 Stichen am Rücken festnähen. Somit erhält man eine natürliche Biegung des Halses eines Flamingos.

Schnabel

In schwarz beginnen

Rd 1: 6fM in einen Fadenring häkeln (6M)
Rd 2-6: 6fM (6M)
Farbwechsel in grau
Rd 7: alle M verdoppeln (12M)
Rd 8: 12fM (12M)
1KM, abmaschen, längeren Faden zum Annähen lassen. Der schwarze Teil des Schnabels wird zu einem 90° Winkel nach unten geknickt und mit 2-3 Stichen festgenäht.

Flügel (2x; rosa)

Größerer Teil:
Rd 1: 6fM in einen Fadenring häkeln (6M)
Rd 2: alle M verdoppeln (12M)
Rd 3-11: 12fM
1KM, abmaschen
Der mittlere Teil wird nur bis einschließlich Rd 8 gehäkelt, und der kleinere Teil wird nur bis einschließlich Rd 5 gehäkelt.

Beim kleineren Teil wird am Ende nicht mit 1KM abgeschlossen, sondern man beginnt nun, alle 3 Teile miteinander zu verbinden. Dies geschieht, indem man 2M zus.abm. – zuerst 1fM ohne abmaschen im kleineren Teil häkeln, dann 1fM im mittleren Teil häkeln und beide zusammen abmaschen (somit sind diese beiden Teile miteinander verbunden; siehe Grafiken S.8/9).
Die Runde beginnt wie folgt:
2M zus.abgem. (kl. und mittl. Teil verbinden), 4fM, 2M zus.abgem. (mittl. und größeren Teil verbinden), 11fM, 2M zus.abgem. (größeren und mittl. Teil verbinden), 4fM, 2M zus.abgem. (mittl. und kl. Teil verbinden), 4fM (32M)
Nun sind alle Teile zu einer großen Runde miteinander verbunden.
Die Rundenzählung beginnt nun von vorn.

Rd 1: 32fM (32M)
Rd 2: 8x (2M zus.abgem., 2fM) (24M)
Rd 3: 24fM (24M)
Rd 4: 6x (2M zus.abgem., 2fM) (18M)
Rd 5: 18fM (18M)
Rd 6: 6x (2M zus.abgem., 1fM) (12M)
Rd 7: 12fM (12M)
Jetzt den Flügel mit Watte ausstopfen.
Rd 8: 6x 2M zus.abgem.(6M)
Rd 9: 6fM (6M)
1KM, abmaschen und die Öffnung zunähen. Einen längeren Faden zum Annähen an den Körper lassen.

Füße (2x; grau)

6LM
R 1: 5hStb, 1KM, 6LM
R 2: in die neuen 6LM 5hStb häkeln, 1KM, 6LM
R 3: in die neuen 6LM 5hStb häkeln, 1KM
Abmaschen und einen längeren Faden zum Annähen lassen.

Beine (4x; grau)

Rd 1: 6fM in einen Fadenring häkeln (6M)
Rd 2: 3x (1fM, 1DM) (9M)
Rd 3-17: 9fM (9M)
Das Bein jetzt mit Watte ausstopfen, zusammenlegen und mit 4fM zusammenhäkeln. Zwei Teile ergeben 1 Bein. Sie werden in der Mitte so zusammengenäht mit 4 Stichen (in jede M 1 Stich), dass das Bein in der Mitte (wie beim Knie) beweglich bleibt. Danach die Füße unten annähen und mit 4 Stichen am Körper annähen.

Irmgard, die Spinne (Größe: Höhe ca. 10cm, Breite ca. 22cm)

Material: Garn in schwarz (ca. 100g) und fuchsia, Sicherheitsaugen ø 8mm, Häkelnadel 3,0mm, Wollnadel, Füllwatte, Schere

Kopf (fuchsia)

Rd 1: 6fM in einen Fadenring häkeln (6M)
Rd 2: in jede M 1DM häkeln (12M)
Rd 3: 6x (1fM, 1DM) (18M)
Rd 4: 6x (2fM, 1DM) (24M)
Rd 5: 6x (3fM, 1DM) (30M)
Rd 6: 6x (4fM, 1DM) (36M)
Rd 7: 6x (5fM, 1DM) (42M)
Rd 8-12: 42fM (42M)
Rd 13: 6x (2M zus.abgem., 5fM) (36M)
Rd 14: 6x (2M zus.abgem., 4fM) (30M)
Rd 15: 6x (2M zus.abgem., 3fM) (24M)
Nun zwischen der 6. und der 7. Runde die Sicherheitsaugen anbringen. Zwischen beiden Augen 7M Platz lassen (also in die 8. M neben dem ersten Auge einstechen). Mit schwarzem Garn Nasenlöcher, Mund und Eckzähne sticken.
Rd 16: 6x (2M zus.abgem., 2fM) (18M)
Den Kopf nun mit Watte ausstopfen.
Rd 17: 6x (2M zus.abgem., 1fM) (12M)
Rd 18: 6x 2M zus.abgem. (6M)
1KM, abmaschen und die Öffnung zunähen.

Kopfbedeckung (schwarz)

Rd 1: 6fM in einen Fadenring häkeln (6M)
Rd 2: in jede M 1DM häkeln (12M)
Rd 3: 6x (1fM, 1DM) (18M)
Rd 4: 6x (2fM, 1DM) (24M)
Rd 5: 6x (3fM, 1DM) (30M)
Rd 6: 6x (4fM, 1DM) (36M)
Rd 7: 6x (5fM, 1DM) (42M)

Rd 8: 1DM, 20fM, 1DM, 20fM (44M)
Rd 9-13: 44fM
1KM, abmaschen und am Kopf festnähen. Einen längeren Faden lassen, um den Kopf später am Körper festzunähen.

Körper (schwarz)

Oberteil:
Rd 1: 6fM in einen Fadenring häkeln (6M)
Rd 2: in jede M 1DM häkeln (12M)
Rd 3: 6x (1fM, 1DM) (18M)
Rd 4: 6x (2fM, 1DM) (24M)
Rd 5: 6x (3fM, 1DM) (30M)
Rd 6: 6x (4fM, 1DM) (36M)
Rd 7: 6x (5fM, 1DM) (42M)
Rd 8: 6x (6fM, 1DM) (48M)
Rd 9: 6x (7fM, 1DM) (54M)
Rd 10: 6x (8fM, 1DM) (60M)
Rd 11: 6x (9fM, 1DM) (66M)
Rd 12: 6x (10fM, 1DM) (72M)
Rd 13-15: 72fM (72fM)
Rd 16: 6x (2M zus.abgem., 10fM) (66M)
1KM, abmaschen

Unterteil:
Rd 1: 6fM in einen Fadenring häkeln (6M)
Rd 2: in jede M 1DM häkeln (12M)
Rd 3: 6x (1fM, 1DM) (18M)
Rd 4: 6x (2fM, 1DM) (24M)
Rd 5: 6x (3fM, 1DM) (30M)
Rd 6: 6x (4fM, 1DM) (36M)
Rd 7: 6x (5fM, 1DM) (42M)
Rd 8: 6x (6fM, 1DM) (48M)
Rd 9: 6x (7fM, 1DM) (54M)
Rd 10: 6x (8fM, 1DM) (60M)
Rd 11: 6x (9fM, 1DM) (66M)

1KM, abmaschen, den oberen Teil mit Watte füllen und den unteren Teil daran festnähen. Während des Nähens immer mal wieder mit etwas Watte nachstopfen, allerdings nur so viel, dass die untere Seite glatt bleibt und sich nicht wölbt oder Beulen bekommt.
Im Anschluss den Kopf annähen. Darauf achten, dass er nicht zu weit vorne sitzt, sonst bekommt „Irmgard" Übergewicht und purzelt immer wieder nach vorne. Leichtes Übergewicht kann später durch die langen Beine ausbalanciert werden.

Beine (8x; schwarz)

9fM in einen Fadenring häkeln und in Spiralrunden 9fM häkeln. Auf Höhe von 8cm mit Watte ausstopfen und ein paar Runden weiterhäkeln, ohne vorerst nachzustopfen. Nach ca. weiteren 4cm den ausgestopften Teil zu einem spitzen Winkel abknicken und mit ein paar Stichen festnähen. Danach normal weiterhäkeln (noch ca. 2 Runden) und nach und nach mit Watte nachstopfen. Dann 1KM, abmaschen, ggf. nochmal mit Watte nachstopfen und oben am Körper festnähen. Dabei darauf achten, dass die Beine auch wirklich den Boden berühren. Mit dem Annähen der Beine wird von hinten nach vorne begonnen, damit das evtl. entstandene leichte Übergewicht des Kopfes besser auszugleichen.

Horst, der Frosch (Größe ca. 14cm)

Material: Garn in türkis (ca. 100g), Rest in fuchsia und rosa, Sicherheitsaugen in weiß ø 16mm, Häkelnadel 3,0mm, Wollnadel, Füllwatte, Schere

Kopf & Körper (türkis)

Rd 1: 6fM in einen Fadenring häkeln (6M)
Rd 2: in jede M 1DM häkeln (12M)
Rd 3: 6x (1fM, 1DM) (18M)
Rd 4: 6x (2fM, 1DM) (24M)
Rd 5: 6x (3fM, 1DM) (30M)
Rd 6: 6x (4fM, 1DM) (36M)
Rd 7: 6x (5fM, 1DM) (42M)
Rd 8: 6x (6fM, 1DM) (48M)
Rd 9: 6x (7fM, 1DM) (54M)
Rd 10: 6x (8fM, 1DM) (60M)
Rd 11-25: 60fM (60M)
Rd 26: 6x (2M zus.abgem., 8fM) (54M)
Rd 27: 54fM (54M)
Rd 28: 6x (2M zus.abgem., 7fM) (48M)
Rd 29: 48fM (48M)
Rd 30: 6x (2M zus.abgem., 6fM) (42M)
Rd 31: 42fM (42M)
Rd 32: 6x (2M zus.abgem., 5fM) (36M)
Rd 33: 36fM (36M)
1KM, abmaschen

Standboden (türkis)

Rd 1: 6fM in einen Fadenring häkeln (6M)
Rd 2: in jede M 1DM häkeln (12M)
Rd 3: 6x (1fM, 1DM) (18M)
Rd 4: 6x (2fM, 1DM) (24M)
Rd 5: 6x (3fM, 1DM) (30M)
Rd 6: 6x (4fM, 1DM) (36M)

1KM, abmaschen und längeren Faden zum Annähen lassen. Den Kopf und Körper ausreichend mit Watte ausstopfen und den Standboden im Anschluss festnähen.

Froschschenkel (2x; türkis)

Rd 1: 6fM in einen Fadenring häkeln (6M)
Rd 2: in jede M 1DM häkeln (12M)
Rd 3: 6x (1fM, 1DM) (18M)
Rd 4: 6x (2fM, 1DM) (24M)
Rd 5: 6x (3fM, 1DM) (30M)
Rd 6: 6x (4fM, 1DM) (36M)
Rd 7-10: 36fM (36M)
1KM, abmaschen und längeren Faden zum Annähen lassen.

Zehen (6 insgesamt, 3 pro Fuß; türkis)

Rd 1: 6fM in einen Fadenring häkeln (6M)
In Spiralrunden weiterhin 6fM häkeln, bis zu einer Länge von 3,5cm, 1KM und abmaschen.
3 Zehen oben an der Spitze zusammennähen und im Anschluss unter einem Froschschenkel festnähen.

Augen (2x; türkis)

Rd 1: 6fM in einen Fadenring häkeln (6M)
Ich rate dazu an, den Fadenring nicht allzu fest zuzuziehen. Ich habe die Erfahrung bei solch dickeren Sicherheitsaugen gemacht, dass man sie sonst nicht mehr durch die Mitte stechen kann.
Rd 2: alle M verdoppeln (12M)
Rd 3: 6x (1fM, 1DM) (18M)
Rd 4 + 5: 18fM (18M)
Nach Rd 5 die Sicherheitsaugen durch die Mitte stechen und feststecken.
Rd 6: 6x (2M zus.abgem., 1DM) (12M)
Das Auge jetzt mit Watte füllen.
Rd 7: 6x 2M zus.abgem. (6M)
1KM, abmaschen und die Öffnung zunähen.

Maul (türkis)

Rd 1: 6fM in einen Fadenring häkeln (6M)
Rd 2: in jede M 1DM häkeln (12M)
Rd 3: 6x (1fM, 1DM) (18M)
Rd 4: 6x (2fM, 1DM) (24M)
Rd 5: 6x (3fM, 1DM) (30M)
Rd 6: 6x (4fM, 1DM) (36M)
Rd 7: 6x (5fM, 1DM) (42M)
Rd 8: 6x (6fM, 1DM) (48M)
Rd 9: 6x (7fM, 1DM) (54M)
Rd 10-12: 54fM (54M)
1KM, abmaschen, längeren Faden zum Annähen lassen.
Mit schwarzem Garn nun Mund und Nasenlöcher sticken. Das Maul mit Watte füllen und am Kopf annähen.

Zunge (fuchsia)

Rd 1: 6fM in einen Fadenring häkeln (6M)
Rd 2: alle M verdoppeln (12M)
Für ca. 5cm Länge weiterhin 12fM häkeln, danach 1KM, abmaschen und einen längeren Faden zum Annähen lassen. Vor dem Annähen mit rosa Garn die Zungenfalte in der Mitte sticken. Die Zunge wird dann zunächst mit ein paar Stichen verschlossen und im Anschluss an das Maul genäht.

Über mich

Ja, das bin dann wohl ich...

Zunächst möchte ich mich ganz herzlich bedanken, dafür dass du Interesse an meinen Modellen hast und dir die Zeit nimmst, sie nachzuarbeiten. Das ist für mich wirklich eine sehr große Ehre. Und ich hoffe, du hast deine Freude mit dem Ausarbeiten der Modelle und auch mit den Modellen selbst.

Was gibt es sonst über mich zu sagen...?

Ich bin im Jahr 1981 in Hannover geboren und war schon ein recht kreatives Kind, habe gerne gemalt, gebastelt, aber auch schon in sehr jungen Jahren mit meiner Großmutter zusammen Handarbeiten gemacht. Sie brachte mir die Grundkenntnisse im Stricken bei. Über die Jahre vertiefte ich mein Wissen größtenteils durch "Learning by doing", aber auch durch VHS-Kurse, um alles so professionell wie nur möglich zu erlernen. Lange Zeit habe ich bevorzugt gestrickt: Schals, Mützen, Pullis, Jacken, Socken, Stulpen, und alles, was man noch so stricken kann. Mittlerweile bin ich mehr am Häkeln, da ich in die Sucht der Amigurumi-Welt eingetaucht bin. Und ich kann einfach nicht aufhören... Wer einmal Gefallen daran gefunden hat, der wird mir wohl nickend zustimmen.

Später habe ich mein Fachabitur in Sozialwesen gemacht, was ich zunächst dann auch studiert habe. Eine zusätzliche Ausbildung zur Psychologischen Beraterin folgte.

Seit einigen Jahren arbeite ich als Autorin und Schriftstellerin. Folgende Bücher habe ich bereits veröffentlicht:

- Das Horrorskop
- Das Leiden einer jungen Ebay-Verkäuferin
- Panikattacke Deluxe. Angst & Panik? Einfach drüber lachen
- Die Anti-Psychiaterin (Hörbuch)
- Meine Mutter, ihre Persönlichkeitsstörung und ich (Hörbuch)

Dies ist mein erstes Handarbeitsbuch und wird bestimmt nicht das letzte gewesen sein.

Privat bin ich in einer verrückten Hippie-Kommune untergekommen. Das bedeutet, ich werde freundlicherweise von 2 Katern geduldet, sofern ich die Miete zahle, die Dosen öffne und auch sonst alle Aufgaben im Haushalt übernehme. Meine Anwesenheit wird toleriert, sofern sie ihre Streicheleinheiten, Futter, Spieleinheiten und ein sauberes Klo erhalten.